La Biblia en 90 días

Un plan de Lectura del Nuevo Testamento

Mike Baker

Traducido por Lucas Vasconcellos

Prefacio por Chase Turner
Autor de *T.R.I.A.L.S.: Un Viaje De La Ansiedad A La Paz*

ISBN 978-1-73454000-3-1

A mi maravillosa esposa, Carla

2 Timoteo 3:16-17

"Toda la Escritura es inspirada por Dios, y útil para enseñar, para redargüir, para corregir, para instruir en justicia, a fin de que el hombre de Dios sea perfecto, enteramente preparado para toda buena obra".

Nota del traductor.
Nuestro agradecimiento a los hermanos en Cristo, Ovidio Buonomo y Gladys Hernández por su trabajo en la edición, corrección y revisión de este libro.

Tabla de Contenido

Prefacio

De vez en cuando te encuentras con un recurso que no solo es útil, sino también motivador e inspirador. Mike Baker ha escrito un recurso maravilloso que es simple pero profundo y anima al lector a apegarse a las escrituras como la fuente fundamental de respuestas para todas las preguntas bíblicas.

La Biblia en 90 Días es un libro que se puede usar como una herramienta de estudio personal o una guía familiar alrededor de la mesa para iniciar una discusión y crear intimidad a través de un mayor vínculo espiritual. Hablando por experiencia personal, nuestra familia decidió leer un capítulo (en voz alta) todas las noches después de la cena, definir los términos y discutir las preguntas que también provocaron más preguntas y más discusión. Nos ha dado una guía intencional para ceñirnos al texto y profundizar más por nuestra cuenta todos los días.

Este libro es un recurso excelente para todos y todas las edades. Oro que el libro los bendiga como ha bendecido a nuestra familia en nuestro crecimiento espiritual y es otra razón para reunirnos alrededor de la mesa en compañerismo y estudio.

Chase Turner
Autor de *T.R.I.A.L.S.: Un Viaje De La Ansiedad A La Paz*

Introducción

Muchas gracias por su interés en leer la Biblia. Este plan de lectura cubre todo el Nuevo Testamento en solo 90 días. Cada día abarcará de 2 a 3 capítulos y solo tomará de 10 a 15 minutos para leer.

Usted puede elegir cualquier versión de la Biblia para usar en este plan. Todos los términos y Escrituras, en español son de la versión Reyna Valera 1960. La lectura puede ser hecha online, o en papel, en su tableta o aun en su celular. Como mejor le guste.

Antes de leer los capítulos asignados, tómese un minuto para leer toda la página. Primero, encontrará una lista de dos o tres términos definidos, uno para cada capítulo ese día. Estas definiciones son de las palabras griegas en el texto, por lo que pueden diferir ligeramente de una definición simple en español.

A continuación, se proporciona una pregunta por capítulo. Al revisar las preguntas de antemano, usted podrá obtener un contenido específico. Asegúrese de escribir sus respuestas.

Finalmente, se proporciona un verso para memorizar diariamente . Medite en este versículo y comprométase a memorizar. Algunos pueden encontrar útil tener un cuaderno, y escribir el versículo de memoria cada día.

Invite a otros a unirse a usted en este plan de lectura. Discuta su lectura con familiares, amigos o una clase.

Recursos adicionales están disponibles en 90DayBiblePlan.com. Estos incluyen temas y recursos sugeridos para clases o sermones basados en la lectura semanal, así como otra información útil. Otros libros están programados en esta serie que cubrirán el Antiguo Testamento.

Cuando haya completado este libro, habrá leído 260 capítulos, aprendido 260 palabras, respondido 260 preguntas y establecido un buen hábito para la lectura regular de la Biblia. Eso es todo un logro.

¡Buen trabajo! Ahora, a trabajar el día 1.

Fecha de inicio de lectura: ____________________

Día 1
Mateo 1-3

Términos para saber:

Genealogía: Génesis, linaje, generaciones de antepasados.

Magos: Nombre para sacerdotes y sabios entre los medos, persas y babilonios. Especializado en el estudio de la astrología y el encanto.

Bautizar: inmersión, sumergirse para un propósito religioso.

Preguntas

1. Enumere las 5 mujeres en la genealogía de Jesús en Mateo.

2. ¿Quién advirtió a José que huyera a Egipto?

3. ¿Por qué fue bautizado Jesús?

Versículo para memorizar: Mateo 1:21

"Y ella dará a luz un Hijo, y llamarás Su nombre Jesús, porque Él salvará a Su pueblo de sus pecados."

Día 2
Mateo 4-6

Términos para saber:

Tentar: Probar, poner a prueba.

Bendito: Afortunado, dichoso, feliz, que posee el favor de Dios.

Limosna: Caridad, dinero dado a los pobres.

Preguntas

1. ¿Cuáles fueron las tres tentaciones de Jesús?

2. ¿Cuáles dos propósitos son logrados cuando permitimos que nuestra luz resplandezca?

3. ¿Dónde está tu corazón?

Versículo para memorizar: Mateo 6:24

"Nadie puede servir a dos maestros; porque odiará a uno y amará al otro, o será leal al uno y despreciará al otro. No puedes servir a Dios y a Mamón."

Día 3
Mateo 7-9

Términos para saber

Escriba: Un escritor, capacitado en el conocimiento de la Ley de Moisés, capaz de exponer la Ley.

Leproso: Una persona leprosa, que tiene la enfermedad de la lepra.

Ayuno: Abstenerse de comer voluntariamente.

Preguntas:

1. ¿Cómo conocerás a los falsos profetas?

2. ¿Por qué la fe del centurión era tan grande?

3. Haz una lista de las diferentes enfermedades que Jesús curó.

Versículo para memorizar: Mateo 7:12

"Por lo tanto, lo que quieras que los hombres te hagan, hazlo también a ellos, porque esta es la Ley y los Profetas."

Día 4
Mateo 10-12

Términos para saber:

Apóstol: Un enviado, embajador. En el Nuevo Testamento generalmente se refiere a los doce.

Yugo: Sirve para unir dos cosas juntas, por ejemplo, con el ganado. Metafóricamente, cualquier esclavitud o carga de leyes como se usa en Mateo 11.

Sábado: Descanso, un cese del trabajo. Sábado judío, séptimo día de la semana.

Preguntas

1. ¿Cómo se llaman los 12 apóstoles?

2. ¿Por qué Jesús reprendió a Corazín, Betsaida y Capernaum?

3. ¿Quiénes son los hermanos y la madre de Jesús?

Versículo para memorizar: Mateo 10:32

"A cualquiera, pues, que me confiese delante de los hombres, yo también le confesaré delante de mi Padre que está en los cielos.

Día 5
Mateo 13-15

Términos para saber:

Parábola: Una comparación, similitud. Una metáfora para demostrar un sentido espiritual.

Tetrarca: Un gobernante de ¼ de un distrito o provincia.

Transgredir: Llevar la contraria, violar. En el Nuevo Testamento siempre muestra un sentido moral.

Preguntas

1. ¿Cómo se llaman los hermanos de Jesús?

2. ¿Por qué estaba Juan el Bautista en la prisión?

3. ¿Cuánta comida sobró después de alimentar a los 4,000?

Versículo para memorizar: Mateo 15:15

"Déjalos en paz. Son líderes ciegos de los ciegos. Y si el ciego conduce al ciego, ambos caerán en una zanja".

Día 6
Mateo 16-18

Términos para saber

Fariseo: Una secta de judíos que se consideraban mejores que otros y que eran muy celosos de las tradiciones de sus ancianos.

Transfigurado: Transformado, cambiar la forma de uno.

Perdonar: No tomar en cuenta la ofensa o falta que otro ha cometido: Soltar el poder propio de posesión, escapar, librar.

Preguntas

1. ¿Quiénes fueron los que a Jesús le causaron sufrimiento y muerte?

2. ¿Por qué los discípulos no pudieron expulsar al demonio de un niño?

3. ¿Cuáles son los tres pasos a seguir con respecto a un hermano que peca contra ti?

Versículo para memorizar: Mateo 16:26

"Porque ¿qué aprovechará al hombre, si ganare todo el mundo, y perdiere su alma? ¿O qué recompensa dará el hombre por su alma"?

Día 7
Mateo 19-21

Términos para saber

Inmoralidad sexual: Cometer fornicación o cualquier pecado sexual; fornicación, lujuria.

Denario: Un centavo romano equivalente en valor al dracma griego. Ampliamente circulado en el imperio romano. Como el salario de un día.

Hosanna: Salve, ¡ayúdanos ahora!, te rogamos. Una forma de desear seguridad y prosperidad.

Preguntas

1. ¿Qué valoró el joven rico además de seguir a Jesús?

2. ¿Qué predijo Jesús que los gentiles le harían antes de su resurrección?

3. ¿Por qué Jesús expulsó a la gente del templo?

Versículo para memorizar: Mateo 19:24

"Y de nuevo te digo, es más fácil que un camello pase por el ojo de una aguja que un hombre rico entre en el reino de Dios".

Fin de la semana 1

Felicitaciones por terminar la primera semana de lectura. Utilice esta página para añadir personas, eventos o enseñanzas de la lectura sobre lo que le gustaría obtener más información. Comparta esto con su familia, un pequeño grupo, maestro o predicador y aprenda junto con ellos. Algunos ejemplos están abajo para la continuación de esta primera semana.

Para estudio adicional

- ¿Qué podemos aprender sobre la tentación de Jesús?

- ¿Cómo podemos aprender a orar por nuestros enemigos?

Día 8
Mateo 22-24

Términos para saber:

Saduceo: Una secta de judíos en oposición a los fariseos y esenios. Un grupo pequeño que solo aceptaba las enseñanzas de Moisés, y negaba la resurrección.

Filacterias: Bolsas o cajas que contienen rollos o pergaminos donde los judíos escribieron ciertas porciones de la ley y las ataron a sus frentes y muñecas.

Cristo: Mesías, el Ungido.

Preguntas

1. ¿Por qué los saduceos le hacían preguntas a Jesús sobre la resurrección?

2. ¿Por qué los escribas y fariseos hicieron sus obras?

3. ¿Qué usaron los falsos cristos para engañar a otros?

Versículo para memorizar: Mateo 24:35

"El cielo y la tierra pasarán, pero mis palabras no pasarán".

Día 9
Mateo 25-27

Términos para saber:

Talento: Utilizado como peso comercial, equivale a sesenta minas o 6,000 dracmas. El talento judío contenía 3.000 siclo o 113 libras.

Remisión: Liberar los pecados del pecador, perdonar.

Crucificado: Clavar en una cruz, castigo por crucifixión, fijar en una cruz. Los romanos utilizaron este método como un amplio castigo.

Preguntas

1. ¿Por qué el siervo que recibió un talento escondió el dinero?

2. ¿Cuánto recibió Judas por traicionar a Jesús?

3. ¿Por qué Pilato puso guardia en la tumba de Jesús?

Versículo para memorizar: Mateo 27:37

'Y pusieron sobre su cabeza la acusación escrita contra él: ESTE ES JESÚS, EL REY DE LOS JUDIOS"

Día 10
Mateo 28-Marcos 2

Términos para saber:

Discípulo: Alumno, aprendiz, generalmente seguidores de Jesús, también conocido como los 12 apóstoles.

Sinagoga: Un edificio judío de reunión, adoración.

Paralítico: Parálisis, aflicción nerviosa que denota pérdida de potencia motora en los músculos.

Preguntas:

1. ¿Qué le pagaron a los guardias para decir sobre la tumba vacía?

2. ¿Cuál fue la consecuencia del leproso sanado cuando dijo a otros lo que hizo Jesús?

3. ¿Qué esfuerzo adicional realizaron los cuatro amigos del paralítico?

Versículo para memorizar: Mateo 28:19-20

"Por tanto, id, y haced discípulos a todas las naciones, bautizándolos en el nombre del Padre, y del Hijo, y del Espíritu Santo; enseñándoles que guarden todas las cosas que os he mandado; y he aquí yo estoy con vosotros todos los días, hasta el fin del mundo." Amén.

Día 11
Marcos 3-5

Términos para saber

Belcebú: Señor de las moscas o dios de las moscas. Usado en los días de Jesús como un título dado a Satanás como el príncipe de los demonios.

Borde del Camino : Un lugar, un camino endurecido.

Demonio: "espíritu inmundo", malvado o espíritu malo.

Preguntas

1. ¿Qué es el pecado imperdonable?

2. ¿Qué hace que un oyente como el del "camino espinoso", no sea fiel?

3. ¿A quién se le permitió estar con Jesús cuando resucitó a la hija de Jairo de entre los muertos?

Versículo para memorizar. Marcos 4:34

"Y sin parábolas no les hablaba; aunque a sus discípulos en particular les declaraba todo".

Día 12
Marcos 6-8

Términos para saber

Trabajo milagroso: Una acción digna, milagro.

Corbán: Un regalo o una ofrenda dedicada a Dios. Este regalo se usó para disculpar a una persona de su actitud hacia sus padres, y ofrecer un regalo para el templo.

Señal: Marca, ficha, milagro con un fin y propósito espiritual.

Preguntas

1. ¿Por qué los discípulos no habían entendido acerca de los panes en la alimentación de los 5,000?

2. Al aferrarse a las tradiciones de los hombres, ¿qué había hecho la gente con los mandamientos de Dios?

3. ¿Cuánto tiempo había estado la gente con Jesús sin comer?

Versículo para memorizar: Marcos 8:34

"Si alguno quiere venir en pos de mí, niéguese a sí mismo, y tome su cruz, y sígame.".

Dia 13
Marcos 9-11

Términos para saber

Piedra de molino: Una piedra de moler, piedra de un molino.

Adulterio: Acto sexual que involucra a una pareja casada con alguien fuera del matrimonio.

Rabino: Un médico, maestro, mentor, un título de honor en las escuelas judías.

Preguntas

1. ¿Qué pasará con el que desea ser el más importante?

2. ¿Qué dejó Pedro para seguir a Jesús?

3. ¿Qué extendió la gente en el camino delante de Jesús?

Versículo para memorizar: Marcos 10:45

"Porque el Hijo del Hombre no vino para ser servido, sino para servir, y para dar su vida en rescate por muchos."

Día 14
Marcos 12-14

Términos para saber

Blanca: Una moneda pequeña, la moneda más pequeña en uso entre los judíos. Igual a la mitad de un cuarto. Un cuadrante.

Engañar: Llevar por un mal camino, equivocarse, hacer errar.

Blasfemia: Abuso verbal contra alguien, espiritualmente contra o hacia Dios.

Preguntas

1. ¿Por qué la viuda había dado más que los donantes ricos?

2. ¿Por qué Jesús dijo a los apóstoles para que no se preocuparan acerca de que decir cuándo fueran arrestados?

3. ¿Qué les sucedió a los apóstoles cuando Jesús fue arrestado?

Versículo para memorizar. Marcos 14:38

"Velad y orad, para que no entréis en tentación; el espíritu a la verdad está dispuesto, pero la carne es débil".

Fin de la semana 2

Felicitaciones por terminar otra semana de lectura. Utilice esta página para añadir personas, eventos o enseñanzas de la lectura sobre la que le gustaría obtener más información. Comparta esto con su familia, pequeño grupo, maestro o predicador y aprenda sobre ellos juntos.

Para estudio adicional

Día 15
Marcos 15 - Lucas 1

Términos para saber

Pretorio: Una casa o palacio del gobernador de una provincia. La corte o parte del palacio donde se quedaban parados los guardias de la fiscalía.

Reprender: Reprochar a alguien por algo, censurar, regañar.

Profetizar: Predecir lo que vendrá en el futuro.

Preguntas

1. ¿Qué crimen cometió Barrabás?

2. ¿Cómo confirmaron los apóstoles la palabra que predicaron?

3. ¿Qué le pasó a Zacarías ya que no creía en las palabras de Gabriel?

Versículo para memorizar: Lucas 1:37

"porque nada hay imposible para Dios".

Día 16
Lucas 2-4

Términos para saber

Prometido Pedir en matrimonio, comprometerse. Antes de un matrimonio real, el novio haría un acuerdo con la familia de la novia con un contrato irrevocable, y el pago de una dote. Desde ese punto hasta la ceremonia de matrimonio, la novia se compromete y no se le puede dar a otro sin recibir un certificado de divorcio.

Arrepentimiento: Un cambio de mentalidad del mal al bien.

Ungido: Para untar, ungir con aceite, elegido, consagrado, apartado para el Servicio.

Preguntas

1. ¿Qué habría de pasar antes de que Simeón muriera?

2. ¿Cuál fue la respuesta de Juan a los recaudadores de impuestos?

3. ¿En qué ciudad leyó Jesús sobre la profecía del profeta Isaías?

Versículo para memorizar: Lucas 2:49

"... ¿Por qué me buscabais? ¿No sabíais que en los negocios de mi Padre me es necesario estar"?

Día 17
Lucas 5-7

Términos para saber

Publicano: Un recolector de impuestos o aduanas. Personas u objetos de odio amargo y desprecio por parte de los judíos debido a sus prácticas injustas.

Misericordioso: Que se compadece, que tiene compasión.

Glotón: Un comedor excesivo o sin restricciones.

Preguntas

1. ¿Por qué los escribas y fariseos se opusieron a que Jesús comiera en la casa de Mateo?

2. ¿Cómo trataron los enfermos de buscar el poder sanador de Jesús?

3. ¿Por qué el centurión no quería que Jesús viniera a su casa?

Versículo para memorizar: Lucas 6:36

"Sed, pues, misericordiosos, como también vuestro Padre es misericordioso".

Día 18
Lucas 8-10

Términos para saber

Perecer: Destruir por completo, o hacer perecer o morir.

Implorar: Dar a conocer la necesidad de uno, suplicar.

Samaritano: Habitante de Samaria, colonos en Samaria cuando los israelitas estaban en el exilio. Una animosidad muy severa existió entre los judíos y los samaritanos. Llamar a alguien de samaritano era un término de reproche o desprecio.

Preguntas

1. ¿Dónde vivía el hombre poseído por el demonio?

2. ¿Qué debían hacer los discípulos a una ciudad que no los recibiría?

3. ¿Qué trajo alegría a los discípulos cuando regresaron a Jesús?

Versículo para memorizar: *Lucas 9:62*

"Ninguno que poniendo su mano en el arado mira hacia atrás, es apto para el reino de Dios".

Día 19
Lucas 11-13

Términos para saber

Persistencia: Insistencia, firmeza, empeño en la ejecución de algo. Duración, permanencia de una actividad o suceso.

Codicia: Avaricia, desear tener más de lo que tiene arrogantemente.

Adversario: Oponente, oposición a uno mismo, enfrentamiento.

Preguntas

1. ¿Por qué la gente de Nínive se calificó para juzgar a la generación de los días de Jesús?

2. El granjero rico dejó a Dios fuera de su vida. ¿Cuántos pronombres personales el usó en Lucas 12: 16-19?

3. ¿Cómo llamó Jesús a Herodes?

Versículo para memorizar: Lucas 12:8-9

"Os digo que todo aquel que me confesare delante de los hombres, también el Hijo del Hombre le confesará delante de los ángeles de Dios; mas el que me negare delante de los hombres, será negado delante de los ángeles de Dios".

Día 20
Lucas 14-16

Términos para saber

Hidropesía: Persona hidrópica, una condición de acumulación excesiva de fluidos en el cuerpo.

Pródigo: Derrochador, disipador, gastador desenfrenado.

Mayordomo: Un administrador, una persona que maneja los asuntos domésticos de una familia, empresa o menor. Un administrador de la casa, supervisor.

Preguntas

1. ¿Cuáles fueron las tres excusas dadas para la gran cena?

2. ¿Qué posición estaba dispuesto a tomar el hijo pródigo a su regreso?

3. ¿Por qué el hombre rico quería que alguien fuera con sus hermanos?

Versículo para memorizar: Lucas 14:11

"Porque cualquiera que se enaltece, será humillado; y el que se humilla, será enaltecido".

Día 21
Lucas 17-19

Términos para saber

Ofender: Hacer tropezar, hacer daño, molestar, una causa de ofensa.

Justificado: Establecer como justo, absolver como en un acto judicial.

Austero: Serio y severo.

Preguntas

1. ¿Qué dos acciones debemos de tomar con los que pecan contra nosotros?

2. ¿Qué temía el juez de la viuda?

3. ¿Dónde escondió el criado su única mina?

Versículo para memorizar: Lucas 17:3

"Mirad por vosotros mismos. Si tu hermano pecare contra ti, repréndele; y si se arrepintiere, perdónale"

Fin de la semana 3

Felicitaciones por terminar otra semana de lectura. Utilice esta página para añadir personas, eventos o enseñanzas de la lectura sobre la que le gustaría obtener más información. Comparta esto con su familia, grupo pequeño, maestro o predicador y aprenda junto con ellos.

Para estudio adicional

Día 22
Lucas 20-22

Términos para saber

Piedra angular: Esquina de un edificio, espiritualmente Cristo es la piedra angular principal.

Embriaguez: Borrachera, la sensación de asco por exceso de vino.

Pascua: Una exención, inmunidad. Fiesta judía en conmemoración de la salvación de los judíos con la destrucción de los primogénitos en Egipto. Se celebraba el día 14 de Nisán.

Preguntas

1. ¿Por qué los escribas recibirán una mayor condena?

2. ¿A dónde fue Jesús de noche después de enseñar en el templo durante el día?

3. ¿Qué sucedió cuando Pedro negó a Jesús por tercera vez?

Versículo para memorizar: Lucas 20:25

"Entonces les dijo: Pues dad a César lo que es de César, y a Dios lo que es de Dios".

Día 23
Lucas 23-Juan 1

Términos para saber

Paraíso: Un jardín, un parque. En el Nuevo Testamento, la morada de los bendecidos después de la muerte.

Resucitado: Levantado, despertarse de un sueño, o muerte y vivir nuevamente.

Mesías: Persona consagrada o ungida, el Ungido, el prometido desde el principio, El Cristo.

Preguntas

1. ¿Qué esperaba Herodes que Jesús, hiciera?

2. ¿Qué debía ser predicado en el nombre de Jesús?

3. ¿Quién es la "Palabra" en Juan 1:1-5?

Versículo para memorizar: Juan 1:12

"Mas a todos los que le recibieron, a los que creen en su nombre, les dio potestad de ser hechos hijos de Dios;"

Día 24
Juan 2-4

Términos para saber:

Milagro: Señal, marca, acto sobrenatural con un fin y propósito espiritual.

Eterno: Eterno, perpetuo, perteneciente a las edades.

Salvador: Un libertador, conservador, uno que salva del peligro o la destrucción y lleva a un estado de prosperidad y felicidad.

Preguntas:

1. ¿Qué usó Jesús para expulsar a los cambistas del templo?

2. ¿Por qué los hombres malvados odian la luz?

3. ¿Qué dos cosas causó que las personas de la ciudad de Samaria creyeran en Jesús?

Versículo para memorizar: Juan 4:24

"Dios es Espíritu; y los que le adoran, en espíritu y en verdad es necesario que adoren".

Día 25
Juan 5-7

Términos para saber

Testigo: Persona que está presente en un acto o en una acción, que puede estar o no listo para testificar.

Maná: El alimento milagroso que los israelitas comieron en el desierto.

Fiesta de los Tabernáculos: La tercera gran fiesta judía antes de la Pascua y Pentecostés. Celebrado el día 15 del séptimo mes y celebrado durante 8 días.

Preguntas

1. Además de Jesús, ¿qué otros testigos aparecen en Juan 5: 31-39?

2. ¿Qué causó que algunos discípulos dejaran a Jesús y no regresaron?

3. ¿Cómo debemos juzgar?

Versículo para memorizar: Juan 6:38

"Porque he descendido del cielo, no para hacer mi voluntad, sino la voluntad del que me envió".

Día 26
Juan 8-10

Términos para saber

Verdad: Realidad, perteneciente a la realidad.

Expulsado de la Sinagoga: Separado de la Sinagoga, excomulgado. Excluido de la comunidad, de los derechos y privilegios civiles y religiosos.

Asalariado: Contratado. A veces, una persona contratada que no muestra ningún interés real en su deber.

Preguntas

1. ¿En qué nos convertimos cuando pecamos?

2. ¿Cómo se refería a Jesús el hombre que era ciego en Juan 9:11, 17, 33 y 38?

3. ¿Qué hace un asalariado ante el peligro y por qué?

Versículo para memorizar: Juan 9:4

"Me es necesario hacer las obras del que me envió, entre tanto que el día dura; la noche viene, cuando nadie puede trabajar".

Día 27
Juan 11-13

Términos para saber

Lloró: Derramo lágrimas con sentimiento, llorar, derramar lágrimas.

Levantar o elevar: Elevado alto, Jesús visto en la serpiente de bronce, así como ya prediciendo su crucifixión.

Ceñir: Atar alrededor firmemente. Fijar firmemente algo a su alrededor.

Preguntas

1. ¿Cuánto tiempo llevaba Lázaro muerto cuando Jesús lo trajo de vuelta a la vida?

2. ¿Por qué los judíos querían matar a Lázaro?

3. ¿Cómo conocerán las personas a los discípulos de Jesús?

Versículo para memorizar: Juan 11:35

"Jesús lloró".

Día 28
Juan 14-16

Términos para saber

Mansión: Una residencia, habitación, morada.

Cumplir : Permanecer, continuar, demorarse, vivir, morar.

Ayudante: Paracleto, el Espíritu Santo, Consolador, defensor, intercesor, animador, ayuda.

Preguntas

1. ¿Qué hace una persona que ama a Jesús?

2. ¿Qué dijo Jesús que es, el mayor acto de amor?

3. ¿Qué pensarán cuando maten a un discípulo de Jesús?

Versículo para memorizar: Juan 14:6

"Jesús le dijo: Yo soy el camino, y la verdad, y la vida; nadie viene al Padre, sino por mí".

Fin de la semana 4

Felicitaciones por terminar otra semana de lectura. Utilice esta página para añadir personas, eventos o enseñanzas de la lectura sobre la que le gustaría obtener más información. Comparta esto con su familia, grupo pequeño, maestro o predicador y aprenda junto con ellos.

Para estudio adicional

Día 29
Juan 17-19

Términos para saber

Manifestado: Visible, para hacer evidente, conocido, mostrar abiertamente.

Destacamento: Una tropa, una compañía militar. Un destacamento romano era probablemente una cohorte entre 400-600 hombres. Además, un grupo de los guardias del templo.

Gábata: Elevado o un lugar alto, tribunal, escenario o tablado.

Preguntas:

1. ¿Por qué el mundo odiaba a los discípulos de Jesús?

2. ¿Por qué los judíos querían que los romanos juzgaran a Jesús?

3. ¿Quién se unió a José de Arimatea para preparar el cuerpo de Jesús?

Versículo para memorizar: Juan 19:2

"Y los soldados entretejieron una corona de espinas, y la pusieron sobre su cabeza, y le vistieron con un manto de púrpura";

Día 30
Juan 20 - Hechos 1

Términos para saber:

Tumba: Un sepulcro, un monumento o un memorial, un lugar de entierro. A menudo excavadas en rocas, laderas o cavernas.

Cubito: Una medida igual a la longitud del brazo de un hombre desde el codo hasta el extremo de su dedo medio, aproximadamente 21 pulgadas.

Pruebas infalibles: Que no puede fallar o equivocarse, que no puede errar, seguro, cierto, indefectible.

Preguntas

1. ¿Qué les mostró Jesús a los discípulos cuando apareció por primera vez en la habitación?

2. ¿Cuántas veces le preguntó Jesús a Pedro si lo amaba?

3. ¿Quién además de Matías fue considerado para reemplazar a Judas como apóstol

Versículo para memorizar: Juan 20:30-31

"Hizo además Jesús muchas otras señales en presencia de sus discípulos, las cuales no están escritas en este libro. Pero éstas se han escrito para que creáis que Jesús es el Cristo, el Hijo de Dios, y para que, creyendo, tengáis vida en su nombre".

Día 31
Hechos 2-4

Términos para saber

Pentecostés: Quincuagésimo. Una de las tres grandes fiestas judías en las que todos los hombres debían presentarse ante Dios. Celebrado 50 días después de la Pascua. Un festival de agradecimiento por la cosecha que comenzó directamente después de la Pascua.

Hora Novena: Según el cálculo judío, la hora novena es las 3 p.m. La hora del sacrificio y la oración de la tarde.

Audacia: El acto de hablar abiertamente, libertad para hablar todo lo que uno piensa o quiere.

Preguntas

1. ¿Qué dos cosas les dijo Pedro a los judíos creyentes que hicieran?

2. ¿Cuánto tiempo había estado lisiado el hombre cojo?

3. ¿Qué sucede cuando falta algo a los nuevos cristianos?

Versículo para memorizar: Hechos 2:41

"Así que, los que recibieron su palabra fueron bautizados; y se añadieron aquel día como tres mil personas".

Día 32
Hechos 5-7

Términos para saber

Concilio: Una asamblea, sesión conjunta, Sanedrín, el consejo supremo de la nación judía, compuesto por 70 miembros.

Prosélito: Un extraño, extranjero o uno que viene de su propia gente a otra. En el Nuevo Testamento se usa para un convertido del paganismo al judaísmo.

Patriarca: En el Antiguo Testamento era el padre y fundador de una familia o tribu.

Preguntas

1. ¿Qué pasó con los seguidores de Teudas y Judas de Galilea después de su muerte?

2. ¿Por qué los apóstoles delegaron la tarea de distribuir comida a las viudas?

3. ¿Cuál fue la actitud de Esteban hacia aquellos que lo estaban matando literalmente?

Versículo para memorizar: Hechos 5:29

"....Es necesario obedecer a Dios antes que a los hombres."

Día 33
Hechos 8-10

Términos para saber

Persecución: Perseguir, persecución. Hostil particularmente de enemigos.

Curtidor: Persona que tiene por oficio curtir pieles, y podar su lana.

Centurión: Un oficial militar romano al mando de cien hombres.

Preguntas

1. ¿Cuál fue el error de Simón en su pedido?

2. ¿Por qué Ananías se resistía a ir a ver a Saulo?

3. ¿Cómo saludó Cornelio a Pedro?

Versículo para memorizar: Hechos 10:34

"Entonces Pedro, abriendo la boca, dijo: En verdad comprendo que Dios no hace acepción de personas,"

Día 34
Hechos 11-13

Términos para saber

Inmundo: Uno que no se ajusta a los estándares legales o ceremoniales, no apto para los derechos y privilegios, también se refiere a demonios con espíritus inmundos.

Arreglado: Que pone una prenda, que se viste muy bien.

Falso Profeta: Alguien que asume fraudulentamente el trabajo de un profeta cuando finge predecir lo que vendrá.

Preguntas

1. ¿Cómo se describe a Bernabé?

2. ¿Qué causó la muerte de Herodes?

3. ¿Cuál fue el castigo dado a Elimas el mago?

Versículo para memorizar: Hechos 13:49

"Y la palabra del Señor se difundía por toda aquella provincia".

Día 35
Hechos 14-16

Términos para saber

Apedreado: Muerto a pedradas.

Abstenerse: Privarse, refrenarse, contenerse.

Vendedor de Purpura: Una vendedora de telas moradas, un distribuidor.

Preguntas

1. ¿Qué le hicieron los judíos de Antioquía e Iconio a Pablo?

2. ¿Qué querían algunos obligar a los cristianos gentiles a cambiar para que se salvaran?

3. ¿Por qué el carcelero tenía la intención de suicidarse?

Versículo para memorizar: Hechos 14:23

"Y constituyeron ancianos en cada iglesia, y habiendo orado con ayunos, los encomendaron al Señor en quien habían creído".

Fin de la semana 5

Felicitaciones por terminar otra semana de lectura. Utilice esta página para añadir personas, eventos o enseñanzas de la lectura sobre la que le gustaría obtener más información. Comparta esto con su familia, grupo pequeño, maestro o predicador y aprenda junto con ellos.

Para estudio adicional

Día 36
Hechos 17-19

Términos para saber

Noble: Bueno, bien nacido, de mente noble.

Fabricador de Tiendas: Un fabricante de carpas.

Exorcista: Generalmente, alguien que por conjuración y encantamiento profesa expulsar demonios.

Preguntas

1. ¿Cómo se describe a los Bereanos?

2. ¿Qué hicieron Aquila y Priscila con Apolos?

3. ¿Qué hizo Demetrio y por qué estaba en peligro su sustento?

Versículo para memorizar: Hechos 17:30

"Pero Dios, habiendo pasado por alto los tiempos de esta ignorancia, ahora manda a todos los hombres en todo lugar, que se arrepientan";

Día 37
Hechos 20-22

Términos para saber

Sin levadura: Sin corrupción, metafóricamente sin mancha. La fiesta de la Pascua se conoce como los días de los "Panes sin Levadura".

Evangelista: Alguien que declara las buenas nuevas, un predicador del evangelio, a menudo no ubicado en un lugar sino como misionero para establecer congregaciones de la iglesia en diferentes lugares.

Celoso: Tener la calidez de sentir a favor o en contra de algo.

Preguntas

1. ¿Cuál fue la advertencia de Pablo a los ancianos de Éfeso?

2. ¿Qué predijo Ágabo sobre Pablo?

3. ¿Qué declaró Pablo para cesar su flagelación?

Versículo para memorizar: Hechos 22:16

¿"Ahora, pues, ¿por qué te detienes? Levántate y bautízate, y lava tus pecados, invocando su nombre".

Día 38
Hechos 23-25

Términos para saber

Conciencia: Regulador de la propia conducta en un sentido moral. Ser su propio testigo.

Profano: Irrespetuoso o irreverente con las cosas sagradas. Mundano, carnal.

Asiento del juicio: Un asiento elevado o trono sobre el cual uno con autoridad se sienta a juzgar a los demás.

Preguntas

1. ¿Qué estaban dispuestos unos 40 judíos a hacer a Pablo?

2. ¿Qué esperaba Félix recibir de Pablo?

3. ¿Cuántos cargos contra Pablo, le acusaban de muerte?

Versículo para memorizar: Hechos 24:25

"Pero al disertar Pablo acerca de la justicia, del dominio propio y del juicio venidero, Felix se espantó y dijo: Ahora vete; pero cuando tenga oportunidad te llamaré"..

Día 39
Hechos 26-28

Términos para saber:

Aguijones: Un palo largo con un extremo de metal puntiagudo para pinchar o picar al ganado. Pinchar, estimular.

Euroclidón. Un viento tempestuoso que ocurre en el Mediterráneo, soplado de todas partes. Es violento e incierto en su curso.

Secta: Una forma fanática de culto religioso, disciplina u opinión.

Preguntas

1. ¿Qué había hecho Pablo antes a los cristianos además de castigarlos?

2. ¿Qué advertencia dio Pablo que fue ignorada?

3. ¿Qué causó que algunos pensaran que Pablo era un dios?

Versículo para memorizar: Hechos 26:28

"Entonces Agripa dijo a Pablo: Por poco me persuades a ser cristiano".

Día 40
Romanos 1-3

Términos para saber

Justicia: Justo de acciones y deberes, equivalente a lo que es correcto, apropiado.

Angustia: Aflicción, congoja: Temor opresivo sin causa precisa y que viene de adentro.

Oráculos: Las declaraciones de Dios. Su Palabra.

Preguntas

1. ¿Cuál fue una de las razones por las que Pablo deseaba visitar la iglesia en Roma?

2. ¿Qué hay en el futuro para los seguidores e incrédulos egoístas?

3. ¿Dónde se encuentra nuestra redención?

Versículo para memorizar: Romanos 1:16

"Porque no me avergüenzo del evangelio, porque es poder de Dios para salvación a todo aquel que cree; al judío, primeramente, y también al griego".

Día 41
Romanos 4-6

Términos para saber

Circuncisión: Corte circular que se hace en el prepucio del pene. Una práctica judía de extracción del prepucio, utilizada también en sentido figurado por personas que practican la circuncisión.

Reconciliado: Restablecimiento de la concordia o la amistad entre varias partes que estaban enemistadas: Restaurar, canjear. El cambio que Dios hace en el hombre a través de la conversión para que sea reconciliado.

Dominio: Tener o ejercer dominio o autoridad sobre. Señorear.

Preguntas

1. ¿Cuántos años tenía Abraham en el nacimiento de Isaac, el hijo de la promesa?

2. ¿Cómo nos muestra Dios su amor?

3. ¿Qué le pasó a nuestro viejo hombre?

Versículo para memorizar: Romanos 6:1-2

¿Qué, pues, diremos? ¿Perseveraremos en el pecado para que la gracia abunde? En ninguna manera. Porque los que hemos muerto al pecado, ¿cómo viviremos aún en él?"

Día 42
Romanos 7-9

Términos para saber

Codiciar: Tener los afectos dirigidos hacia algo, la lujuria, el deseo carnal.

Carnal: Lo que es carnal en lugar del espiritual, lo que implica pecaminosidad, propensión al pecado.

Semilla: Algo sembrado y que contiene el germen de fruta nueva, descendientes.

Preguntas

1. ¿Qué libera a una esposa del vínculo matrimonial con su esposo?

2. ¿Qué no se puede comparar con la gloria que se revelará en nosotros?

3. Si la arcilla representa a nosotros, ¿a quién representa el alfarero?

Versículo para memorizar: Romanos 8:28

"Y sabemos que a los que aman a Dios, todas las cosas les ayudan a bien, esto es, a los que conforme a su propósito son llamados".

Fin de la semana 6

Felicitaciones por terminar otra semana de lectura. Utilice esta página para añadir personas, eventos o enseñanzas de la lectura sobre la que le gustaría obtener más información. Comparta esto con su familia, grupo pequeño, maestro o predicador y aprenda junto con ellos.

Para estudio adicional

Día 43
Romanos 10-12

Términos para saber

Confesar: Manifestar la verdad sobre hechos, ideas o sentimientos que antes estaban ocultos, admitir, profesar abiertamente pecados, confesar que se cree que Jesús es Dios.

Baal: Ídolo pagano, el nombre del dios fenicio y babilónico que representa el sol o Júpiter.

Venganza: Ejecutar juicio, retribución, vindicación, castigo.

Preguntas

1. ¿Cuál era la preocupación de Pablo relacionado al celo de Israel por Dios?

2. ¿De quién fue Pablo apóstol?

3. ¿Qué debe hacer un cristiano a los que le persiguen, hacen el mal o se convierten en enemigos?

Versículo para memorizar: Romanos 12:18

"Si es posible, en cuanto dependa de vosotros, estad en paz con todos los hombres".

Día 44
Romanos 13-15

Términos para saber

Autoridad: Influencia delegada, derecho a hacer algo. Poder sobre las personas, o las cosas.

Desprecio: Desestimación, falta de aprecio: Palabra o acción que indican desdén: Rechazo.

Edificación: El acto de construir como un proceso.

Preguntas

1. ¿A quién deben pagar los cristianos los impuestos?

2. En lugar de un obstáculo, ¿qué debería uno buscar para los demás?

3. ¿Cuál fue el propósito de las cosas escritas en el pasado?

Versículo para memorizar: Romanos 14:12

"De manera que cada uno de nosotros dará a Dios cuenta de sí".

Día 45
Romanos 16-1 Corintios 2

Términos para saber

Iglesia: Los llamados para fuera, los llamados. Una congregación, asamblea.

Piedra de tropiezo: Cuando un creyente hace cosas lícitas, pero que ofenden a alguien que es débil en cuanto a eso. Una trampa donde se coloca el cebo. Una causa de ofensa, caída, ruina, moral y espiritual.

Ordenado: Elegido para determinar situaciones. Señalar, fijar una cosa con precisión para algún efecto.

Preguntas

1. ¿Qué debemos hacer a quienes causan divisiones?

2. ¿Qué quiere decir: "Cristo crucificado a judíos y griegos"?

3. ¿Cómo describió Pablo su discurso?

Versículo para memorizar: 1 Corintios 1:10

"Os ruego, pues, hermanos, por el nombre de nuestro Señor Jesucristo, que habléis toda una misma cosa, y que no haya entre vosotros divisiones, sino que estéis perfectamente unidos en una misma mente y en un mismo parecer".

Día 46
1 Corintios 3-5

Términos para saber:

Profanar: Corromper, estropear en un sentido amoral o espiritual.

Vilipendio: Reprochar, difamar, menospreciar.

Hinchado: Presumido, orgulloso, arrogante.

Preguntas:

1. ¿Cuál es el fundamento en la cual debemos construir?

2. ¿A quién envió Pablo a Corinto y por qué?

3. ¿Qué tipo de hermanos debemos abstenernos de hacer compañía?

Versículo para memorizar: 1 Corintios 3:9

"Porque nosotros somos colaboradores de Dios, y vosotros sois labranza de Dios, edificio de Dios".

Día 47
1 Corintios 6-8

Términos para saber

Santificado: Hacer santo, hacer limpio, hacer puro, consagrar, dedicar, apartar.

Divorcio: Enviar o alejar, dejar ir, separar.

Ídolo: Imagen o representación de alguna otra cosa. Una imagen creada para ser adorada como un dios.

Preguntas

1. ¿Qué tres cosas caracterizaron a las personas que antes eran pecadoras y que ahora están en Cristo?

2. ¿Cuál era el estado civil de Pablo?

3. ¿Qué peligro puede nuestra libertad causar en otros?

Versículo para memorizar: 1 Corintios 6:20

"Porque habéis sido comprados por precio; glorificad, pues, a Dios en vuestro cuerpo y en vuestro espíritu, los cuales son de Dios."

Día 48
1 Corintios 9-11

Términos para saber

Predicar el Evangelio: Evangelizar, proclamar las buenas nuevas, declarar el Evangelio.

Beneficio: Hacer algo en beneficio de otro, ventajoso.

Indigno: Irreverente, de una manera impropia.

Preguntas

1. ¿Por qué estaba Pablo dispuesto a convertirse en algo para distintas personas?

2. ¿Qué dos cosas hará Dios para proteger a un cristiano de la tentación?

3. ¿Qué hacemos cada vez que participamos de la Cena del Señor?

Versículo para memorizar: 1 Corintios 11:1

"Sed imitadores de mí, así como yo de Cristo".

Día 49
1 Corintios 12-14

Términos para saber

Cisma: División, rasgo, dividir como uno piensa, facciones.

Lengua: Órgano del cuerpo, del habla, un lenguaje o un dialecto.

Exhortación: Un acto de súplica, alentar, consolar con el propósito de fortalecer la fe del creyente.

Preguntas

1. ¿Dónde colocó Dios a los miembros en el cuerpo?

2. ¿Qué hace el amor?

3. ¿Dios es el autor de qué?

Versículo para memorizar: 1 Corintios 12:12

"Porque, así como el cuerpo es uno, y tiene muchos miembros, pero todos los miembros del cuerpo, siendo muchos, son un solo cuerpo, así también Cristo"

Fin de la semana 7

Felicitaciones por terminar otra semana de lectura. Utilice esta página para añadir personas, eventos o enseñanzas de la lectura sobre la que le gustaría obtener más información. Comparta esto con su familia, grupo pequeño, maestro o predicador y aprenda junto con ellos.

Para estudio adicional.

Día 50
1 Corintios 15 - 2 Corintios 1

Términos para saber:

Resurrección: Ponerse de pie, resucitar a la vida, recuperación. En el Nuevo Testamento, la resurrección de todos los muertos antes del juicio.

Mantente firme: Mantenerte firme en la fe y el deber de servir a un único Maestro.

Ignorante: Qué no percibe, que no comprende, no discernir o reconocer.

Preguntas:

1. ¿Cuál es el impacto para nosotros si Jesús todavía está en la tumba?

2. ¿Qué le esperaba a Pablo, con la puerta abierta?

3. ¿Quién además de Pablo había predicado en Corinto?

Versículo para memorizar: 1 Corintios 15:58

"Así que, hermanos míos amados, estad firmes y constantes, creciendo en la obra del Señor siempre, sabiendo que vuestro trabajo en el Señor no es en vano".

Día 51
2 Corintios 2-4

Términos para saber

Afligido: Entristecido, acongojado, apenado.

Elogio: Enaltecimiento, encarecimiento, ensalzar.

Velado: Vigilado, cuidado, custodiado, envuelto.

Preguntas

1. ¿Por qué Pablo no descansaba en su espíritu?

2. ¿Qué puede causar el velo de ser quitado?

3. ¿Qué produce nuestra leve aflicción?

Versículo para memorizar: 2 Corintios 4:7

"Pero tenemos este tesoro en vasos de barro, para que la excelencia del poder sea de Dios, y no de nosotros,"

Día 52
2 Corintios 5-7

Términos para saber

Embajador: Una persona de edad, anciano, que representa a alguien.

Derrame cerebral: Golpe, herida o lesión.

Perfeccionamiento: Progreso, impulso, adelanto, reforma, retoque, corrección, acabado hasta el final.

Preguntas

1. ¿En qué se convirtió Jesús para nosotros?

2. ¿Qué advertencia dio Pablo con respecto a los incrédulos?

3. ¿Qué produce la tristeza que es según Dios?

Versículo para memorizar: 2 Corintios 5:20

"Así que, somos embajadores en nombre de Cristo, como si Dios rogase por medio de nosotros; os rogamos en nombre de Cristo: Reconciliaos con Dios".

Día 53
2 Corintios 8-10

Términos para saber

Diligente: Serio, rápido, directo.

Superfluo: Más allá de lo suficiente, más allá de lo que se necesita, que excede cierta medida.

Mansedumbre: Gentil, humilde, suave, manso. Qué no denota expresión externa de los sentimientos, sino una paz interior del alma, calma.

Preguntas

1. ¿Cuánto tiempo había estado planeando la iglesia de Corinto su donación para las necesidades de Pablo?

2. ¿Qué puede producir la gracia de Dios en nosotros para cosas buenas y buenas obras?

3. ¿Cómo otros describieron las demás cartas de Pablo, su presencia corporal y el hablar?

Versículo para memorizar: 2 Corintios 9:7

"Cada uno dé como propuso en su corazón: no con tristeza, ni por necesidad, porque Dios ama al dador alegre."

Día 54
2 Corintios 11-13

Términos para saber

Falso Apóstol: Uno que pretende ser un apóstol de Cristo.

Golpear: Golpear con el puño, maltratar. Dar un puñetazo.

Descalificado: No aprobado, indigno, sin valor, rechazado, desaprobado, desechado.

Preguntas

1. ¿En qué se puede transformar Satanás?

2. ¿La espina en la carne de Pablo? ¿Qué le permitió hacer?

3. ¿Qué deberíamos hacer para ver si estamos descalificados?

Versículo para memorizar: 2 Corintios 13:12
"Saludaos unos a otros con ósculo santo".

Día 55
Gálatas 1-3

Términos para saber

Maldito: Anatema, entregado a la maldición y la destrucción.

Gentiles: Pueblo, raza, pertenencia y convivencia, habitantes de Samaria. En el sentido judío todas las naciones que no son israelitas.

Tutor: Instructor o maestro de niños, un educador, un maestro de escuela.

Preguntas

1. ¿Cómo recibió Pablo el evangelio?

2. ¿Por qué Pablo enfrentó a Pedro cara a cara?

3. ¿Por cuál acción uno se reviste de Cristo?

Versículo para memorizar: Gálatas 2:20

"Con Cristo estoy juntamente crucificado, y ya no vivo yo, más vive Cristo en mí; y lo que ahora vivo en la carne, lo vivo en la fe del Hijo de Dios, el cual me amó y se entregó a sí mismo por mí."

Día 56
Gálatas 4-6

Términos para saber

Pacto: Tratado o acuerdo entre personas o entidades, en el que se obligan a cumplir algunas cosas, testamento, una disposición solemne, institución de Dios al hombre.

Libertad: Facultad que tiene el ser humano de obrar o no obrar según su inteligencia y antojo. Independencia.

Traspaso: Transgresión, falla, lapso, error, irregularidad.

Preguntas

1. ¿Qué hubiera hecho la gente por Pablo en su enfermedad?

2. ¿Cuáles son los elementos del fruto del Espíritu?

3. ¿Qué dos condiciones se mencionan para el que restaura a un hermano pecador?

Versículo para memorizar: Gálatas 6:9

"No nos cansemos, pues, de hacer bien; porque a su tiempo segaremos, si no desmayamos".

Fin de la semana 8

Felicitaciones por terminar otra semana de lectura. Utilice esta página para añadir personas, eventos o enseñanzas de la lectura sobre la que le gustaría obtener más información. Comparta esto con su familia, grupo pequeño, maestro o predicador y aprenda junto con ellos.

Para estudio adicional.

Día 57
Efesios 1-3

Términos para saber

Predestinado: Destinar anticipadamente una cosa o una persona para un fin: Determinar o decretar de antemano.

Gracia: Gratificación, aceptación, un favor hecho sin expectativa de retorno, favor no merecido e inmerecido.

Misterio: Algo oculto y no completamente manifestado.

Preguntas

1. ¿A través de qué tenemos redención?

2. ¿Cómo Su obra maravillosa, ¿para qué fuimos creados?

3. ¿Cuál fue el misterio del que habló Pablo en Efesios 3:6?

Versículo para memorizar: Efesios 2: 8

"Porque por gracia sois salvos por medio de la fe; y esto no de vosotros, pues es don de Dios;"

Día 58
Efesios 4-6

Términos para saber

Unidad: Propiedad de lo que es uno e indivisible, unanimidad.

Imitadores: Un seguidor. Uno que se dedica a la imitación.

Servicio ocular: Implica un servicio prestado solo cuando uno está siendo analizado por otro, o servicio prestado solo por la apariencia.

Preguntas

1. En lugar de palabras corruptas, ¿qué debería salir de nuestras bocas?

2. ¿Cómo deben amar los esposos a sus esposas?

3. ¿Cuáles son las partes de la armadura de Dios?

Versículo para memorizar: Efesios 4:32

"Antes sed benignos unos con otros, misericordiosos, perdonándoos unos a otros, como Dios también os perdonó a vosotros en Cristo".

Día 59
Filipenses 1-3

Términos para saber

Obispo: Supervisor, superintendente, oficial de la iglesia local, anciano.

Ambición egoísta: Engreído, orgullo vacío, deseo de ser alabado.

Patrón: Un modelo , impresión, forma, prototipo.

Preguntas

1. ¿De qué debe ser digna nuestra conducta?

2. ¿Cómo debemos estimar a los demás?

3. ¿Dónde está nuestra ciudadanía como cristianos?

Versículo para memorizar: Filipenses 1:21

"Porque para mí el vivir es Cristo, y el morir es ganancia".

Día 60
Filipenses 4 - Colosenses 2

Términos para saber

Alégrate: Dar nuevo esplendor a una cosa. Estar contento, feliz, animado.

Preeminencia: Ser el primero, tener el primer rango, la más alta dignidad.

Filosofía: Sistema particular de entender la vida y todo lo relativo a ella: Amor a la sabiduría, doctrina de los inquilinos de los filósofos paganos o gentiles.

Preguntas

1. ¿Sobre qué cosas debemos meditar?

2. ¿De qué nos ha librado Jesús?

3. ¿Qué hizo Jesús con la ley de requisitos que era en contra de nosotros?

Versículo para memorizar: Filipenses 4:13

"Todo lo puedo en Cristo que me fortalece".

Día 61
Colosenses 3 - 1 Tesalonicenses 1

Términos para saber

Malicia: Mala intención, tendencia a pensar mal de los otros: hacer maldad a los demás.

Epístola: Una carta o una orden por escrito. Un mensaje escrito de autoridad.

Elección: Elegir, seleccionar, un recipiente elegido, un instrumento de utilidad.

Preguntas

1. Como cristianos, ¿qué cosas debemos posponer?

2. ¿Qué instrucciones dio Pablo sobre la lectura de la epístola?

3. ¿Qué tres cosas recordó Pablo sin cesar acerca de los tesalonicenses?

Versículo para memorizar: Colosenses 4:6

"Sea vuestra palabra siempre con gracia, sazonada con sal, para que sepáis cómo debéis responder a cada uno".

Día 62
1 Tesalonicenses 2-4

Términos para saber

Vano: Vacío, infructuoso, sin sentido, sin rumbo, ausencia del bien.

Inculpable: Sin falta, encima de reproches, sin falta.

Santificación: Separación. Separados para servir a Dios, santidad.

Preguntas

1. ¿Qué cargo Pablo dio a los tesalonicenses como un padre a los hijos?

2. ¿A quién envió Pablo para establecer y alentar a la iglesia?

3. ¿Qué 5 metas se enumeran para nosotros en 1 Tesalonicenses 4: 11-12?

Versículo para memorizar: 1 Tesalonicenses 4:7

"Pues no nos ha llamado Dios a inmundicia, sino a santificación".

Día 63
1 Tesalonicenses 5 - 2 Tesalonicenses 2

Términos para saber

Apagar: Extinguir como con un fuego, para obstaculizar el Espíritu Santo.

Evangelio: Buenas noticias, buenas nuevas, la salvación por medio de Cristo.

Perdición: Destrucción completa, estado de muerte aparte de la salvación, una alusión al anticristo, uno que está eternamente perdido.

Preguntas

1. ¿Cómo vendrá el día del Señor?

2. ¿Sobre quién se tomará la venganza?

3. ¿Cómo nos llamó Dios para obtener la gloria de Jesús?

Versículo para memorizar: 1 Tesalonicenses 5:16-18

"Estad siempre gozosos. Orad sin cesar. Dad gracias en todo, porque esta es la voluntad de Dios para con vosotros en Cristo Jesús".

Fin de la semana 9

Felicitaciones por terminar otra semana de lectura. Utilice esta página para añadir personas, eventos o enseñanzas de la lectura sobre la que le gustaría obtener más información. Comparta esto con su familia, grupo pequeño, maestro o predicador y aprenda junto con ellos.

Para estudio adicional.

Día 64
2 Tesalonicenses 3 - 1 Timoteo 2

Términos para saber

Amonestar: Advertir, precaver, reprender suavemente, exhortar.

Fábula: Un cuento, fabricación de la mente en contraste con la realidad, falsedad.

Súplica: Dar a conocer la necesidad particular de uno, orar por un beneficio particular.

Preguntas

1. ¿Cómo se describe los miembros desordenados que no trabajan?

2. ¿Qué era Pablo antes de estar en el ministerio de Jesús?

3. ¿Cuál es una razón, por la cual los cristianos deben orar por todos los que ejercen autoridad?

Versículo para memorizar: 1 Timoteo 2:5-6

"Porque hay un solo Dios, y un solo mediador entre Dios y los hombres, Jesucristo hombre, el cual se dio a sí mismo en rescate por todos, de lo cual se dio testimonio a su debido tiempo".

Día 65
1 Timoteo 3-5

Términos para saber

Novato: Recién surgido, uno recientemente convertido al cristianismo o nuevo en la iglesia.

Meditar: Considerar, pesar, reflexionar sobre algo.

Chismes: Murmuración, cuento sobre alguna noticia verdadera o falsa para dañar a alguien.

Preguntas

1. ¿Por qué un obispo (supervisor, anciano) debe ser alguien que gobierne bien su propia casa?

2. ¿Cómo se animó a Timoteo a ser un ejemplo?

3. ¿Cómo se describe a alguien que no mantiene su propio hogar?

Versículo para memorizar: 1 Timoteo 4:16

"Ten cuidado de ti mismo y de la doctrina; persiste en ello, pues haciendo esto, te salvarás a ti mismo y a los que te oyeren".

Día 66
1 Timoteo 6 - 2 Timoteo 2

Términos para saber

Potentado: Poseedor de poder o autoridad, uno que ocupa una posición alta.

Predicador: Heraldo, proclamador, uno que es empleado por Dios en la obra de proclamar la salvación.

Iniquidad: Mal, injusticia, incorrección, pecado, maldad.

Preguntas

1. ¿Cuál es la raíz de todo tipo de maldad?

2. ¿Quién instruyó espiritualmente al joven Timoteo?

3. ¿Qué cualidades debe poseer un siervo del Señor?

Versículo para memorizar: 1 Timoteo 6:6

"Pero gran ganancia es la piedad acompañada de contentamiento;"

Día 67
2 Timoteo 3 - Tito 1

Términos para saber

Reprueba: Convencer, persuadir, refutar adversarios.

Paciencia: Tolerancia, moderación antes de proceder con una acción. La calidad de una persona que es capaz de vengarse, pero se abstiene de hacerlo.

Hospitalario: Persona o lugar que recibe con agrado a los visitantes. Amable con extraños, e invitados.

Preguntas

1. ¿Qué había seguido Timoteo cuidadosamente?

2. ¿Quién abandonó a Pablo y por qué?

3. ¿Por qué dejó Pablo a Tito en Creta?

Versículo para memorizar: 2 Timoteo 4:2

"¡que prediques la palabra; que instes a tiempo y fuera de tiempo; redarguye, reprende, ¡exhorta con toda paciencia y doctrina"!

Día 68
Tito 2 - Filemón 1

Términos para saber

Sobrio: Templado, autocontrolado, especialmente en lo que respecta al vino. El estado mental que está libre de influencias excesivas de pasión, lujuria o emoción.

Regeneración: Renovación espiritual, renacimiento espiritual.

Compulsión: Necesidad, fuerza convincente en oposición a la voluntad.

Preguntas

1. ¿Por qué se avergonzaría un oponente de un joven espiritual?

2. ¿Qué se enumeran como cosas rentables y no rentables?

3. ¿Qué había sido actualizado por Filemón?

Versículo para memorizar: Tito 3:1-2

"Recuérdales que se sujeten a los gobernantes y autoridades, que obedezcan, que estén dispuestos a toda buena obra. Que a nadie difamen, que no sean pendencieros, sino amables, mostrando toda mansedumbre para con todos los hombres.

Día 69
Hebreos 1-3

Términos para saber

Herencia: Ser heredero de, obtener por herencia una posesión.

Confianza: Libertad, franqueza, audacia, particularmente al hablar, franco, seguro.

Alejarse: Flotar como un barco, escapar sugiriendo un movimiento gradual e inadvertido más allá de cierto punto. Desviarse de la verdad, la ley o la fe.

Preguntas

1. ¿Dónde se sentó Jesús?

2. ¿Cuál es el peligro si uno olvida lo que escuchó?

3. ¿Qué evitó que la gente en el desierto entrara en el descanso de Dios?

Versículo para memorizar: Hebreos 3:12-13

"Mirad, hermanos, que no haya en ninguno de vosotros corazón malo de incredulidad para apartarse del Dios vivo; antes exhortaos los unos a los otros cada día, entre tanto
que se dice: Hoy; para que ninguno de vosotros se endurezca por el engaño del pecado".

Día 70
Hebreos 4-6

Términos para saber

Simpatizar: Compadecerse, tener compasión.

Discernir: Decidir, diferenciar, distinguir.

Heredero: Persona que por testamento o por ley recibe toda o parte de una herencia.

Preguntas

1. ¿Qué discierne la palabra de Dios?

2. Jesús es el autor de qué y para quién.

3. ¿Qué es imposible para Dios hacer?

Versículo para memorizar: Hebreos 4:12

"Porque la palabra de Dios es viva y eficaz, y más cortante que toda espada de dos filos; y penetra hasta partir el alma y el espíritu, las coyunturas y los tuétanos, y discierne los pensamientos y las intenciones del corazón"

Fin de la semana 10

Felicitaciones por terminar otra semana de lectura. Utilice esta página para añadir personas, eventos o enseñanzas de la lectura sobre la que le gustaría obtener más información. Comparta esto con su familia, grupo pequeño, maestro o predicador y aprenda junto con ellos.

Para estudio adicional.

Día 71
Hebreos 7-9

Términos para saber

Diezmo: Parte de la cosecha, generalmente la décima, que se pagaba como tributo a la Ley: Una décima parte, requisito judío de pagar la décima parte de sus sueldos.

Mediador: Uno que va entre dos partes, un reconciliador.

Testador: Persona que hace testamento. Para organizar y eliminar los efectos de uno por voluntad propia.

Preguntas

1. ¿Qué títulos o posiciones tenía Melquisedec?

2. ¿Dónde está nuestro sumo sacerdote?

3. ¿Cuándo está vigente un testamento?

Versículo para memorizar: Hebreos 9:27

"Y de la manera que está establecido para los hombres que mueran una sola vez, y después de esto el juicio",

Día 72
Hebreos 10-12

Términos para saber

Sombra: Metafóricamente, un presagio es una señal o predicción, los ritos judíos eran una sombra de las cosas más grandes que vendrían a acontecer en Cristo.

Fe: Firme convicción, persuasión, creencia en la verdad.

Castigo: Corrección, rectificación, disciplina, entrenamiento aprobado por el Señor.

Preguntas

1. ¿Qué no podría hacer la sangre de toros y cabras?

2. ¿Qué creía Abraham que Dios haría al ofrecer a su hijo? El hijo de la promesa.

3. ¿Cuáles son los beneficios de la disciplina o del flagelo?

Versículo para memorizar: Hebreos 11:6

"Pero sin fe es imposible agradar a Dios; porque es necesario que el que se acerca a Dios crea que le hay, y que es galardonador de los que le buscan."

Día 73
Hebreos 13 - Santiago 2

Términos para saber

Doctrina: Enseñanza, instrucción, las enseñanzas de una persona.

Tentar:, Inducir, incitar, provocar, seducir, atrapar.

Parcialidad: Preferencia, arbitrariedad, inclinación, amiguismo, favoritismo.

Preguntas

1. ¿Qué deberíamos hacer a quienes nos dirigen y gobiernan?

2. ¿Cuál es la diferencia entre un oyente y un hacedor?

3. ¿Qué es la fe sin obras?

Versículo para memorizar: Santiago 1:19

"Por esto, mis amados hermanos, todo hombre sea pronto para oír, tardo para hablar, tardo para airarse";

Día 74
Santiago 3-5

Términos para saber

Hipocresía: Fingimiento, simulación, originalmente significaba no tener experiencia en el arte de actuar.

Enemistad: Hostilidad, motivo de oposición, odio.

Jehová Sabaoth: Señor de los ejércitos, de las huestes angelicales, Jehová omnipotente, gobernante, todopoderoso.

Preguntas

1. ¿Qué vive en la envidia y el egoísmo?

2. ¿Qué debemos hacer con nuestros corazones al acercarnos a Dios?

3. ¿Cuál fue el efecto de las oraciones de Elías?

Versículo para memorizar: Santiago 5:16

"Confesaos vuestras ofensas unos a otros, y orad unos por otros, para que seáis sanados. La oración eficaz del justo puede mucho".

Día 75
1 Pedro 1-3

Términos para saber

Conocimiento Previo: Conocer de antemano, reconocimiento previo, reconocimiento favorable o consideración por adelantado.

Pastor: Alguien que generalmente se preocupa por los rebaños, localmente un anciano en la iglesia para vigilar y mantener el bienestar de la iglesia. Jesús es el gran Pastor.

Antitipo: Un modelo, una figura, implica semejanza, contraparte, correspondencia.

Preguntas

1. ¿Cómo juzga el Padre?

2. Además de las personas especiales de Dios, ¿cómo describe Pedro al cristiano?

3. ¿Qué podría obstaculizar las oraciones de los esposos?

Versículo para memorizar: 1 Pedro 1:3

"Bendito el Dios y Padre de nuestro Señor Jesucristo, que según su grande misericordia nos hizo renacer para una esperanza viva, por la resurrección de Jesucristo de los muertos",

Día 76
1 Pedro 4 - 2 Pedro 1

Términos para saber

Avergonzado: Es apenado, atrevido, insolente, audaz, deshonrado.

Humilde: Modesto, respetuoso, tímido, profundo, sencillo de actitud y posición social.

Virtud: Excelencia moral, perfección, bondad en acción.

Preguntas

1. ¿Qué dos cosas debe hacer un cristiano cuando sufre?

2. ¿Qué mandatos negativos da Pedro a los ancianos sobre cómo pastorean el rebaño?

3. ¿Cuáles son las cosas que un cristiano debe agregar para nunca tropezar?

Versículo para memorizar: 1 Pedro 5:6-7

"Humillaos, pues, bajo la poderosa mano de Dios, para que él os exalte cuando fuere tiempo; echando toda vuestra ansiedad sobre él, porque él tiene cuidado de vosotros."

Día 77
2 Pedro 2 - 1 Juan 1

Términos para saber

Explotación: Comerciante que tiene la intención de comerciar con fines de lucro, un engañador para el propio beneficio.

Salvación: Liberación, preservación de peligros o destrucción. Liberación del pecado y consecuencias espirituales a través de Jesucristo.

Alegría: Deleite, contento, júbilo.

Preguntas

1. ¿Cómo describe Pedro a un creyente que regresa a los caminos del mundo?

2. ¿Cómo afecta la (paciencia) del Señor a nuestro arrepentimiento?

3. ¿Cómo usted contrastaría la diferencia de caminar en la luz y caminar en las tinieblas de acuerdo con 1 Juan 1?

Versículo para memorizar: 1 Juan 1:9

"Si confesamos nuestros pecados, él es fiel y justo para perdonar nuestros pecados, y limpiarnos de toda maldad".

Fin de la semana 11

Felicitaciones por terminar otra semana de lectura. Utilice esta página para añadir personas, eventos o enseñanzas de la lectura sobre la que le gustaría obtener más información. Comparta esto con su familia, grupo pequeño, maestro o predicador y aprenda junto con ellos.

Para estudio adicional.

Día 78
1 Juan 2-4

Términos para saber

Propiciación: Expiación, expiar, el beneficio de la sangre de Cristo para el pecador. Jesús pagó el precio de los pecados con Su sangre para reconciliarnos con Dios.

Diablo: Acusador, calumniador, satanás, la serpiente.

Amor: Ágape, afecto, respeto, buena voluntad, benevolencia, amor al prójimo, afecto fraternal, el amor que se deriva de Dios.

Preguntas

1. ¿Cómo describe Juan al anticristo?

2. Además de nuestra forma de hablar, ¿cómo deben los cristianos demostrar amor?

3. ¿Por qué está mal decir que uno ama a Dios mientras odia a su hermano?

Versículo para memorizar: 1 Juan 2:3

"Y en esto sabemos que nosotros le conocemos, si guardamos sus mandamientos".

Día 79
1 Juan 5 - 3 Juan 1

Términos para saber

Petición: Súplica, ruego, plegaria, peticiones particulares en oración.

Anticristo: Un opositor de Cristo, uno que usurpa el lugar de Cristo, todos los que niegan a Jesús como el Mesías que ha venido en la carne.

Parloteador: Parlotear. Parlanchin, parloteo, hablar ociosa o falsamente.

Preguntas

1. ¿Por qué Juan escribió estas cosas?

2. ¿Cómo describe Juan el amor?

3. ¿Cuál fue la mayor alegría de Juan?

Versículo para memorizar: 3 Juan 1:4

"No tengo yo mayor gozo que este, el oir que mis hijos andan en la verdad."

Día 80
Judas 1 - Apocalipsis 2

Términos para saber

Contender: Esforzarse, luchar seriamente, luchar por algo.

Tribulación: Aflicción, angustia, aplastado, presionado, comprimir, romper.

Nicolaítas: Una secta antigua cuyos actos fueron expresada y fuertemente reprobados.

Preguntas

1. ¿Por qué Judas sintió que era necesario escribir exhortando a luchar por la fe?

2. ¿Qué términos describen el Alfa y la Omega?

3. ¿Qué sostuvo Jesús contra la iglesia en Éfeso?

Versículo para memorizar: Apocalipsis 1:3

"Bienaventurado el que lee, y los que oyen las palabras de esta profecía, y guardan las cosas en ella escritas; porque el tiempo está cerca".

Día 81
Apocalipsis 3-4

Términos para saber

Digno: Una estimación de valores, de igual valor, útil, merecedor, adecuado.

Santo: Separado, consagrado, devotado al servicio de Dios, abstenerse de contaminarse y compartir la pureza de Dios.

Preguntas

1. ¿Qué quiere Jesús que la iglesia de Laodicea haga cuando es reprendida?

2. ¿Cuántas alas tenían cada una las cuatro criaturas vivientes?

Versículo para memorizar: Apocalipsis 2:29

"El que tiene oído, oiga lo que el Espíritu dice a las iglesias.

Día 82
Apocalipsis 5-6

Términos para saber

Cordero: Designación del Cristo exaltado.

Sello: Para cerrar, para mantener seguro, un sello o marca de autoridad.

Preguntas

1. ¿Quién no pudo o no fue digno de abrir el pergamino?

2. ¿Cuáles fueron los colores de los cuatro caballos?

Versículo para memorizar: Apocalipsis 5:13b

...."y al Cordero, sea la alabanza, la honra, la gloria y el poder, por los siglos de los siglos"

Día 83
Apocalipsis 7-8

Términos para saber

Ángel: Mensajero, uno que es enviado a anunciar o proclamar, un mensajero celestial.

Incensario: Un recipiente donde el incienso era quemado.

Preguntas

1. ¿Cuántos fueron sellados de cada tribu y cuál fue el total de las 12 tribus?

2. ¿Qué subió a Dios con el humo del incienso?

Versículo para memorizar: Apocalipsis 7:11-12

"Y todos los ángeles estaban en pie alrededor del trono, y de los ancianos y de los cuatro seres vivientes; y se postraron sobre sus rostros delante del trono, y adoraron a Dios, diciendo: Amén. La bendición y la gloria y la sabiduría y la acción de gracias y la honra y el poder y la fortaleza, sean a nuestro Dios por los siglos de los siglos". Amén.

Día 84
Apocalipsis 9-10

Términos para saber

Plaga: Un golpe infligido por Dios, una calamidad.

Pequeño libro: Un pequeño rollo o volumen, un pequeño pergamino.

Preguntas

1. ¿Qué nombre se le dio al ángel del abismo?

2. ¿Qué hizo Juan con el librito?

Versículo para memorizar: Apocalipsis 10:11

"Y él me dijo: Es necesario que profetices otra vez sobre muchos pueblos, naciones, lenguas y reyes".

Fin de la semana 12

Felicitaciones por terminar otra semana de lectura. Utilice esta página para añadir personas, eventos o enseñanzas de la lectura sobre la que le gustaría obtener más información. Comparta esto con su familia, grupo pequeño, maestro o predicador y aprenda junto con ellos.

Para estudio adicional.

Día 85
Apocalipsis 11-12

Términos para saber

Tela de saco: Tela negra gruesa hecha comúnmente del pelo largo de las cabras. Usado también para luto en lugar de telas normales.

Ay: Denuncia de miseria y lástima.

Preguntas

1. ¿Cuánto tiempo profetizarán los dos testigos?

2. ¿Quién peleó la guerra con el dragón?

Versículo para memorizar: Apocalipsis 12:9

"Y fue lanzado fuera el gran dragón, la serpiente antigua, que se llama diablo y Satanás, el cual engaña al mundo entero; fue arrojado a la tierra, y sus ángeles fueron arrojados con él."

Día 86
Apocalipsis 13-14

Términos para saber

Bestia: Se usa predominantemente para la vida animal inferior, una criatura peligrosa o venenosa o bestias en general.

Redimido: Comprado a un precio. Cristo compró a los salvados a través de Su sacrificio.

Preguntas

1. ¿Qué hizo la bestia de la tierra para que todos recibieran? ¿y dónde?

2. ¿Qué había en la frente de los 144,000?

Versículo para memorizar: Apocalipsis 14:13

"Oí una voz que desde el cielo me decía: Escribe: Bienaventurados de aquí en adelante los muertos que mueren en el Señor. Sí, dice el Espíritu, descansarán de sus trabajos, porque sus obras con ellos siguen".

Día 87
Apocalipsis 15-16

Términos para saber

Templo: Una vivienda, un lugar de culto simbólico del templo de Dios en el cielo.

Armagedón: Megido, un lugar de destrucción o matanza en el Antiguo Testamento. Un lugar para el derrocamiento de Satanás.

Preguntas

1. ¿Cómo estaban vestidos los siete ángeles?

2. ¿Cuáles fueron las siete plagas de las siete copas de oro?

Versículo para memorizar: Apocalipsis 16:15

"He aquí, yo vengo como ladrón. Bienaventurado el que vela, y guarda sus ropas, para que no ande desnudo, y vean su vergüenza."

Día 88
Apocalipsis 17-18

Términos para saber

Mártir: Los que han sufrido la muerte como consecuencia de confesar a Cristo. Un testigo que puede dar testimonio.

Babilonia: La capital de Caldea, nombre simbólico de la Roma pagana que ocupó el lugar de la antigua Babilonia como un poder de persecución.

Preguntas

1. ¿De qué estaba borracha la mujer, la gran ramera?

2. ¿En qué se había convertido Babilonia y qué contenía?

Versículo para memorizar: Apocalipsis 17:14

"Pelearán contra el Cordero, y el Cordero los vencerá, porque él es Señor de señores y Rey de reyes; y los que están con él son llamados y elegidos y fieles".

Día 89
Apocalipsis 19-20

Términos para saber

Aleluya: Una exclamación de adoración, ¡Alabado sea Dios!

Satanás: El oponente, adversario, demonio, diablo.

Preguntas

1. ¿Cómo se describió al hombre que se sentó en el caballo blanco?

2. ¿Por qué serán juzgados los muertos?

Versículo para memorizar: Apocalipsis 20:15

"Y el que no se halló inscrito en el libro de la vida fue lanzado al lago de fuego".

Día 90
Apocalipsis 21-22

Términos para saber

Abominación: Aborrecer lo que es detestable para Dios, repulsión, aversión, aborrecimiento, repugnancia,

Amén: Firme, estable, confiable, afirmación en la verdad, en verdad es así. También significa consentimiento o deseo, que así sea, conclusión de oraciones.

Preguntas

1. ¿Quiénes tendrán su parte en el lago de fuego?

2. ¿Qué les sucede a quienes agregan o quitan del libro de la profecía?

Versículo para memorizar: Apocalipsis 21:4

"Enjugará Dios toda lágrima de los ojos de ellos; y ya no habrá muerte, ni habrá más llanto, ni clamor, ni dolor; porque las primeras cosas pasaron".

Fin de la semana 13

Felicitaciones por terminar otra semana de lectura. Utilice esta página para añadir personas, eventos o enseñanzas de la lectura sobre la que le gustaría obtener más información. Comparta esto con su familia, grupo pequeño, maestro o predicador y aprenda junto con ellos.

Para estudio adicional.

Sobre la Biblia en 90 días

Nuestro objetivo es proporcionar recursos para ayudar a más personas y desarrollar buenos hábitos de lectura de la Biblia. El formato bíblico de 90 días se usará en 4 volúmenes adicionales que cubren la Ley, la Historia, la Sabiduría y los Profetas del Antiguo Testamento.

Visite 90DayBiblePlan.com para recibir ideas de lecciones gratuitas y esquemas de clases que complementan las lecturas del Nuevo Testamento.

www.90DayBiblePlan.com

Plan de lectura de 90 días del Nuevo Testamento
90DayBiblePlan.com

- ❑ 1. Matt. 1-3
- ❑ 2. Matt. 4-6
- ❑ 3. Matt. 7-9
- ❑ 4. Matt. 10-12
- ❑ 5. Matt. 13-15
- ❑ 6. Matt. 16-18
- ❑ 7. Matt. 19-21
- ❑ 8. Matt. 22-24
- ❑ 9. Matt. 25-27
- ❑ 10. Matt. 28 - Mark 2
- ❑ 11. Mark 3-5
- ❑ 12. Mark 6-8
- ❑ 13. Mark 9-11
- ❑ 14. Mark 12-14
- ❑ 15. Mark 15 - Luke 1
- ❑ 16. Luke 2-4
- ❑ 17. Luke 5-7
- ❑ 18. Luke 8-10
- ❑ 19. Luke 11-13
- ❑ 20. Luke 14-16
- ❑ 21. Luke 17-19
- ❑ 22. Luke 20-22
- ❑ 23. Luke 23 - John 1
- ❑ 24. John 2-4
- ❑ 25. John 5-7
- ❑ 26. John 8-10
- ❑ 27. John 11-13
- ❑ 28. John 14-16
- ❑ 29. John 17-19
- ❑ 30. John 20 - Acts 1
- ❑ 31. Acts 2-4
- ❑ 32. Acts 5-7
- ❑ 33. Acts 8-10
- ❑ 34. Acts 11-13
- ❑ 35. Acts 14-16
- ❑ 36. Acts 17-19
- ❑ 37. Acts 20-22
- ❑ 38. Acts 23-25
- ❑ 39. Acts 26-28
- ❑ 40. Rom. 1-3
- ❑ 41. Rom. 4-6
- ❑ 42. Rom. 7-9
- ❑ 43. Rom. 10-12
- ❑ 44. Rom. 13-15
- ❑ 45. Rom. 16 - 1 Cor. 2
- ❑ 46. 1 Cor. 3-5
- ❑ 47. 1 Cor. 6-8
- ❑ 48. 1 Cor. 9-11
- ❑ 49. 1 Cor. 12-14
- ❑ 50. 1 Cor. 15 - 2 Cor. 1
- ❑ 51. 2 Cor. 2-4
- ❑ 52. 2 Cor. 5-7
- ❑ 53. 2 Cor. 8-10
- ❑ 54. 2 Cor. 11-13
- ❑ 55. Gal. 1-3
- ❑ 56. Gal. 4-6
- ❑ 57. Eph. 1-3
- ❑ 58. Eph. 4-6
- ❑ 59. Phil. 1-3
- ❑ 60. Phil. 4-Col. 2
- ❑ 61. Col. 3-1 Thess. 1
- ❑ 62. 1 Thess. 2-4
- ❑ 63. 1 Thess. 5 - 2 Thess. 2
- ❑ 64. 2 Thess. 3 - 1 Tim. 2
- ❑ 65. 1 Tim. 3-5
- ❑ 66. 1 Tim. 6 - 2 Tim. 2
- ❑ 67. 2 Tim. 3 - Titus 1
- ❑ 68. Titus 2 - Philemon 1
- ❑ 69. Heb. 1-3
- ❑ 70. Heb. 4-6
- ❑ 71. Heb. 7-9
- ❑ 72. Heb. 10-12
- ❑ 73. Heb. 13 - Jas. 2
- ❑ 74. Jas. 3-5
- ❑ 75. 1 Pet. 1-3
- ❑ 76. 1 Pet. 2 - 2 Pet. 1
- ❑ 77. 2 Pet. 2 - 1 John 1
- ❑ 78. 1 John 2-4
- ❑ 79. 1 John 5 - 3 John 1
- ❑ 80. Jude 1 - Rev. 2
- ❑ 81. Rev. 3-4
- ❑ 82. Rev. 5-6
- ❑ 83. Rev. 7-8
- ❑ 84. Rev. 9-10
- ❑ 85. Rev. 11-12
- ❑ 86. Rev. 13-14
- ❑ 87. Rev. 15-16
- ❑ 88. Rev. 17-18
- ❑ 89. Rev. 19-20
- ❑ 90. Rev. 21-22

Made in the USA
Columbia, SC
02 May 2025